गौसिनी एवं उडरज़ो
प्रस्तुत करते हैं
ऐस्ट्रिक्स का एक साहसिक अभियान

तलवारबाज़ ऐस्ट्रिक्स

कथा : रेने गौसिनी चित्रांकन : अलबर्ट उडरज़ो

www.asterix.com Asterix et Obelix

Om Books International

Published in 2019 by

Om Books International

Corporate & Editorial Office
A-12, Sector 64, Noida 201 301, Uttar Pradesh, India
Phone: +91 120 477 4100
Email: editorial@ombooks.com Website: www.ombooksinternational.com

Sales Office
107, Ansari Road, Darya Ganj, New Delhi 110 002, India
Phone: +91 11 4000 9000 Fax: +91 11 2327 8091
Email: sales@ombooks.com Website: www.ombooks.com

तलवारबाज़ ऐस्ट्रिक्स
Original title: ***Astérix Gladiateur***

Translated in Hindi by Puneet Gupta & Dipa Chaudhuri

This work is published under the Publication Assistance Programme Tagore,
with the support of Institut français en Inde / Ambassade de France en Inde and the Institut français de Paris.

ISBN: 978-93-5276-711-3

Printed in India

सन् 50 ई.पू.। पूरे गॉल पर रोमनों ने कब्ज़ा जमा रखा है... पूरे? नहीं! अजेय गॉलवासियों का एक ऐसा गाँव है जो अब भी हमलावरों के विरुद्ध जमकर डटा हुआ है, और जिन्होंने तकरारम, झकमारम, ललकारम तथा कपिघुड़कम जैसी किलाबंद छावनियों के रोमन सैनिकों की नाक में दम कर रखा है...

ऐस्ट्रिक्स, इन साहसिक अभियानों का नायक। इस चालाक, चतुर और नाटे क़द के योद्धा को बेझिझक सभी ख़तरनाक कार्य सौंपे जाते हैं। ऐस्ट्रिक्स अपनी अतिमानवीय शक्ति ओझा औषधिक्स के जादुई काढ़े से प्राप्त करता है...

ओबेलिक्स, ऐस्ट्रिक्स का अभिन्न मित्र। शिला–स्तम्भों के इस पेशेवर वितरक को जंगली सूअर खाने और ज़बर्दस्त लड़ाई करने की लत है। ओबेलिक्स सब कुछ छोड़–छाड़ कर ऐस्ट्रिक्स के साथ एक नए अभियान पर चल पड़ने को हमेशा तैयार रहता है। उसके साथ होता है, अड़ियलिक्स, हमारी जानकारी के अनुसार एकमात्र पर्यावरणविद् कुत्ता, जो किसी भी पेड़ के काटे जाने पर हताश होकर बिलखने लगता है।

औषधिक्स, गाँव के वयोवृद्ध ओझा, जो अमरबेल बटोरते हैं और जादुई काढ़ा बनाते हैं। उनकी सबसे बड़ी उपलब्धि है वह काढ़ा जो पीने वाले को अतिमानवीय ताकत प्रदान करता है। लेकिन औषधिक्स के पिटारे में और भी कई नुस्खे हैं...

अंत में, गोलमटोलिक्स, गाँव के मुखिया। राजसी, वीर और गुस्सैल, इस दिग्गज योद्धा के साथी उनका सम्मान करते हैं और दुश्मन उनसे भयभीत रहते हैं। गोलमटोलिक्स को केवल एक ही बात का डर है : कहीं कल आसमान उनके सिर पर न टूट पड़े, मगर जैसा उनका खुद का कहना है : "कल कभी नहीं आता!"

बेसुरतालिक्स, गाँव का गवैया। उसकी प्रतिभा के बारे में लोगों की राय विभाजित है : वह सोचता है कि वह अत्यंत प्रतिभाशाली है, बाकी सबकी राय कुछ और ही है। लेकिन जब तक वह मुँह नहीं खोलता, लोग उसका साथ बेहद पसंद करते हैं...

रोमन छावनी कपिघुड़कम में जोश छाया हुआ है क्योंकि गॉलवासिओं के उच्चाधिकारी सरस तरबूजस शतपति बैंगनस भुरतस से भेंट करने आए हैं। उच्चाधिकारी महोदय निकटतम समुद्री तट से तशरीफ लाए हैं जहाँ उनकी नौका रुकी है...
सलामी... शस्त्र!...

जय हो, उच्चाधिकारी जी! आप यहाँ पधारे, यह मेरे लिए बड़े गर्व की बात है।
जय हो शतपति! ज़ाहिर है, होनी भी चाहिए!

अब मेरे आने का उद्देश्य, शतपति! मैं छुट्टियाँ मनाने रोम जा रहा हूँ और रीति के अनुसार मुझे सीज़र के लिए एक बढ़िया सा तोहफ़ा ले जाना चाहिए... निराला और मूल्यवान...

...मैंने सोचा तो था कि उनके लिए लुटीशिया से कुछ ले जाऊँ, शायद एक संगमरमर की पटिया जिस पर वे अपनी नियुक्तियाँ तराश सकें, मगर यह थोड़ा मामूली होता...

तो मेरे मन में एक बेहतरीन विचार आया; क्यों न यहाँ आस-पास से सीज़र के लिए एक अजेय गॉलवासी ले जाया जाए!
हैंऽ?

मगर, उच्चाधिकारी जी, इन अजेय गॉलवासियों में एक नुक्स है!
अच्छा, कौन सा?

यही कि, ये लोग अजेय हैं!
यही बात तो उन्हें मूल्यवान बनाती है! तुम बस मुझे ऐसा ही एक गॉलवासी लाकर दो, और मैं तुम्हें खुश कर दूँगा!

है तो सही एक जो बाकियों से कम खतरनाक है... गवैया बेसुरतालिक्स, अक्सर वह जंगल में घूमने जाता है प्रेरणा की तलाश में!
बहुत बढ़िया! मुझे यह गवैया चाहिए- और जल्द से जल्द!

और गॉलवासियों के गाँव में...
फिर मिलेंगे, ऐस्ट्रिक्स, मैं जंगल में घूमने जा रहा हूँ!
फिर मिलते हैं, बेसुरतालिक्स!

?!
?
नहीं, बेसुरतालिक्स! जंगल में मत जाओ!

तुम्हें मेरी कितनी परवाह है, ओबेलिक्स!
नहीं, ऐसी बात नहीं! जब तुम जंगल में गाना गाते हो तो सारे जंगली सूअर डर कर भाग जाते हैं!

गंवार कहीं के! जंगली सूअर मेरे संगीत की तुमसे ज़्यादा कद्र करते हैं!
स्वाभाविक है। तुम तो सूअर की तरह ही गाते हो।

हीहीही! हो हो हो!
जाहिल! जंगली! जानवर!

जंगल में...
गवैया पकड़ कर लाओ, गवैया पकड़ कर लाओ... कहना बहुत आसान है!
हमेशा मुझे ही ख़तरे से भरे अभियान के लिए चुना जाता है! यह कहाँ का न्याय है!!!
खामोश! मुझे एक आवाज़ सुनाई दी! चलो छुप जाएँ!

वाह, यहाँ मैं दिल खोलकर गा सकता हूँ...

मेरे गॉल की धरतीऽऽऽ ईईई ई ई ई...

मेरे गॉल की धरती सीना आगे...
इन गॉलवासियों के पास ऐसे खुफिया हथियार हैं जिन्हें हॅलविटिया समझौते के तहत निषिद्ध किया जाना चाहिए!

अच्छा! मेरे पास गवैये के खुफ़िया हथियार से निपटने की तरकीब है... हम सब अपने-अपने कान बंद कर लें।
किस चीज़ से?

धनिये से, हर जगह फैला हुआ है।
धनिया कान में? मुझसे नहीं होगा। मुझे लगेगा कि मुझे कसाई की दुकान ले जाने की तैयारी हो रही है।

अब वापस घात पर। मेरे इशारे पर हम सब गवैये पर टूट पड़ेंगे!
नाक में नहीं, मूर्ख।

और जल्दी ही...
तो... अब मैं क्या गाऊँ?

चलो, जवानों!

??? ये... ये लोग मेरे पीछे नहीं आए!
एक प्रशंसक! आखिरकार! किसी को तो अच्छे संगीत की समझ है! वहीं रुक जाइए मेरे मित्र। अब मैं आपकी खिदमत में एक गायन पेश करूँगा!

??? इसने क्या...
ओ मेरे दिल के चैन...

बस! बस करो! मैं और नहीं सह सकता! चुप हो जाओ! बिलकुल चुप!

तो? कायरों की टोली, मैं चिल्लाता रहा और तुम्हारे कान पर जूँ तक न रेंगी!
माफ़ करना?

उफ़! चलो काम हो गया!
हम्म्म्म!
क्या कहा तूने?
अपने कानों से धनिया निकाल!!!
?!

जय हो! अभियान सफल रहा। हमने गॉलवासी गवैये को पकड़ लिया अपनी जान पर खेलकर, खासतौर पर मेरी।
शाबाश! बहुत बढ़िया!

तो, यह इतना भी मुश्किल नहीं था...
डर इस बात का है कि अब दूसरे लोग बदला लेंगे...

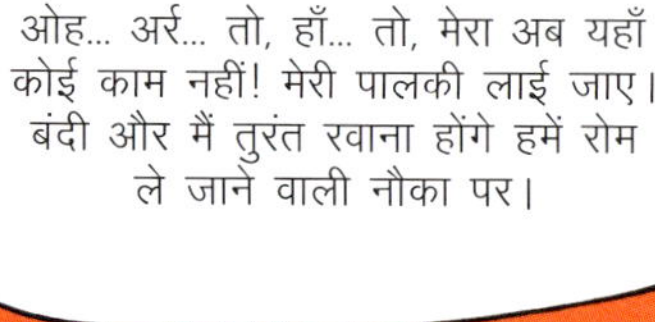
ओह... अर्र... तो, हाँ... तो, मेरा अब यहाँ कोई काम नहीं! मेरी पालकी लाई जाए। बंदी और मैं तुरंत रवाना होंगे हमें रोम ले जाने वाली नौका पर।

इसी बीच...
ओबेलिक्स, हमारा गवैया बेसुरतालिक्स अभी तक वापस नहीं आया।
यह तो अच्छी खबर है, लेकिन मुझे लगता है थोड़ी देर में आता ही होगा।
चटट! चटट!

ऐस्ट्रिक्स! ऐस्ट्रिक्स! मैंने देखा कि कुछ रोमनों ने बेसुरतालिक्स को बंदी बना लिया!
तुम्हें पक्का मालूम है, छुटकुलिक्स?

मैं जंगल में जंगली सूअर के घेंटे का शिकार कर रहा था, और मैंने खुद अपनी आँखों से देखा!
इन रोमनों का भी दिमाग चल गया है! नहीं तो कौन बेसुरतालिक्स नाम की मुसीबत मोल लेगा?

जो भी हो, हम इस अपमान का बदला लेकर ही रहेंगे। मैं जा रहा हूँ मुखिया गोलमटोलिक्स जी को सूचित करने!
ओबेलिक्स खदान
सावधान
शिलास्तंभों का निकास

और ऊँचा!
4

ओ गोलमटोलिक्स जी, हमारा गवैया बेसुरतालिक्स गायब हो गया है!
यह तो तुम सिर्फ़ मुझे खुश करने के लिए कह रहे हो...

रोमनों ने उसे बंदी बना लिया है!
क्या?

तूतातिस की कसम! अगर रोमनों को यह मज़ाक भी सूझा हो तो भी यह हमारे लिए मज़ाक की बात नहीं है! और हम यह बिलकुल भी बर्दाश्त नहीं करेंगे।

अपने दुश्मन से अपनी इज़्ज़त कैसे करवाई जाती है, यह जानना ज़रूरी है। उन्हें मज़ा चखाने के तौर पर हम उन पर धावा बोलेंगे! ओझा जादुई काढ़ा बनाना शुरू करें!

थोड़ी देर बाद, गॉलवासी योद्धा वह जादुई काढ़ा पी रहे हैं जो उन्हें अजेय शक्ति प्रदान करता है...

नहीं, ओबेलिक्स! तुम नहीं! मैंने तुम्हें पहले ही बताया है कि तुम्हें काढ़े की कोई ज़रूरत नहीं, तुम ऐसे ही बहुत बलशाली हो!
मैं, बलशाली? ज़रा भी नहीं! मैं तो तिनके जितना कमज़ोर हूँ!

मान भी जाओ! मैं आपको यह सुंदर शिला-स्तंभ दूँगा!
नहीं, नहीं, बिलकुल नहीं!
शांति! शांति! हमारे मुखिया गोलमटोलिक्स जी भाषण देने जा रहे हैं!

गॉल के वीरों और वीरांगनाओं! तूतातिस की कसम, हमें इन रोमनों को अच्छा सबक सिखाना चाहिए!

और याद रहे, आसमान सिर पर गिरने के सिवा हमें किसी चीज़ का डर नहीं।

रोमन छावनी कपिघुड़कम में सैनिकों को सचेत किया जा रहा है...
और याद रहे, रोमनों, गॉलवासियों के सिवा हमें किसी चीज़ का डर नहीं!

यह पहली बार है जब बेसुरतालिक्स की वजह से हम भी कुछ मज़ा लूटेंगे!
सुनो तो! ऐस्ट्रिक्स, क्यों न एक शर्त हो जाए? जो भी सबसे अधिक रोमन सैनिकों को धूल चटाएगा वही जीतेगा और सबूत के तौर पर हमें उनके टोप जमा करने होंगे!

ठीक इसी समय, कपिघुड़कम छावनी में...
अपने टोप पहन लो!!!

गॉ... गॉलवासी! ख़तरे का बिगुल बजा दो!

बचाओ, आफ़त आ पहुँची!

छावनी के अंदर आरम्भ होता है एक शानदार नज़ारा; रोमन सैनिकों द्वारा अपने विख्यात सैन्य विज्ञान के दाँव-पेंचों का...

टुकड़ियाँ तीन पंक्तियों में खड़ी हों!

सींग, भोंपू और बिगुल बजाओ!

भाले तैयार!

टूट पड़ो, कसम जूपिटर की!!!
चटाऽऽऽऽऽऽक!
कैसे टूट पड़ें! गॉलवासी रास्ता रोके खड़े हैं!
6

लड़ाई लंबी नहीं चली...
धम्म!
खचक सचाक धाड़!
धड़ाक!

लेकिन घमासान हुई...
चटाऽऽऽक!

मुझे बेसुरतालिक्स कहीं भी दिखाई नहीं दे रहा... अह, वह रहा रोमनों का सेनापति!
धम्म!
टन्न!

मैं मरते दम तक लड़ूँगा!
थप्पड़ खाओगे?

ओह, ठीक है! सब कुछ खत्म हो गया! मैं आत्मसमर्पण करता हूँ! होनी तो होके रहेगी!
और यह सबक अच्छी तरह याद रखना। अब हमारा गवैया हमें वापस कर दो, और दोबारा ऐसा करने की हिम्मत मत करना!

वह क्या है कि ... आपका गवैया अब यहाँ नहीं है। वह एक जहाज़ पर सवार है जो रोम जा रहा है, सीज़र को उपहार में पेश किए जाने के लिए...
!!!

अब यहाँ हमारा कोई काम नहीं...
उपहार में? क्या बेहूदा मज़ाक है!...

देखो, ऐस्ट्रिक्स! मेरा दावा है मैं शर्त जीत गया हूँ! ऊपर से एक सैनिक तो बिना टोप लड़ रहा था। बिना पूरी वेश-भूषा के युद्ध में उतरना युद्ध के सभी नियमों के खिलाफ़ है! मेरा तो मन कर रहा है कि उसकी शिकायत करूँ!

जाते जाते गॉलवासी अपने पीछे छोड़ जाते हैं लड़ाई के बाद की असीम शांति...
उन्होंने हमारी कैसी धज्जियाँ उड़ाई, हैंऽऽ, महोदय?
पहले तो, इस छावनी को फिर से ठीक-ठाक करो!!! ये क्या उथल-पुथल मचा रखी है? और ख़बरदार जो कभी किसी ने मुझसे इस लड़ाई का जिक्र किया तो!!!

बाद में, गॉलवासियों के गाँव में...
बेचारा बेसुरतालिक्स, एक रोमन नौका में बंदी बना हुआ है!
बहुत भला था! खड़्च! बड़े अच्छे संस्कार थे!... खाते–खाते कभी नहीं गाया! खड़्च! बेचारा ज़्यादा नहीं खाता था... खड़्च! खड़्च!

इसी बीच...

मैं तुम्हें सीज़र को भेंट में देने के लिए बेचैन हूँ!
तुम्हारा सीज़र इस लायक नहीं, रोमन!

इनसे चप्पू और तेज़ चलवाओ!
ढम्म! ढम्म!

ढम्म! ढम्म!
चटाक! चटाक!
?!
इन अभागों पर चाबुक चलवाना बंद करो, रोमन! मेरे कुछ बंधन खोल दो! इनका हौसला बढ़ाने के लिए मैं एक गीत गाऊँगा!

मेरे माझी...
मेरे माझी...
ओ ऽऽऽ
मेरे माझी

मेरे साजन हैं उस पार...
मैं मझधार तू इस पार
ओऽऽऽऽऽऽ
बस भी करो! दया करो!
इससे तो कोड़े खाना ही अच्छा है!
खचंक!
खचाक!
धाड़!
चटाँग!
टडोंग!

हमारा काम कोई हंसी खेल नहीं है, लेकिन यह तो अमानवीय है। यदि यह गॉलवासी अपना मुँह बंद रखे तो हम पूरी ताकत से चप्पू चलाने का वादा करते हैं।

गंवारों के झुंड! ज़ालिमों! तुम्हारी किस्मत में ऐड़ियाँ... खैर तुम रगड़ ही रहे हो!
ढम्म

मैं भी सोच में पड़ गया हूँ क्या वाकई सीज़र इस लायक है?...
8

ओबेलिक्स! हमें रोम जाकर बेसुरतालिक्स को छुड़ाना चाहिए!
मैं भी यही चाहता हूँ... खड़च! खड़च!... लेकिन हम वहाँ पहुँचेगे कैसे? वह तो बहुत दूर है! खड़च!
धम्म!

...और हम समुद्र तट पर जाएँगे और रोम के लिए पहली नौका पर सवार हो जाएँगे!
इसमें ख़तरा है, ऐस्ट्रिक्स, लेकिन तुम ठीक कहते हो, हम अपने गवैये को किसी भी हालत में छोड़ नहीं सकते। जितना बुरा गला है, उतना ही दिल का भला है...
बहुत ही भला!

मेरे साथ चलो ऐस्ट्रिक्स, मैं तुम्हारे लिए जादुई काढ़े की एक थैली बना देता हूँ...
मैं ज़रा जाकर किसी ऐसे को ढूँढता हूँ जो मेरे पीछे शिला स्तंभ पहुँचाएगा ...

मुझे नहीं लगता कि यह मेरे बस की बात है...
मगर मुझे तो तुम पर पूरा भरोसा है। शुरू–शुरू में एक बार में तुम सिर्फ एक शिला स्तंभ ही पहुँचाना!
चलो, ओबेलिक्स, निकलने का समय हो गया!
चलो चलें, ऐस्ट्रिक्स!

अपना ख्याल रखना!
चिंता मत कीजिए! अगर रोम में उन्होंने हमसे अच्छा बर्ताव नहीं किया तो वापस आने से पहले हम उनका शहर खंडहर बना देंगे!

ऐस्ट्रिक्स, जंगली सूअर को लैटिन भाषा में क्या कहा जाता है?
सिंगुलारिस पोरकस, लेकिन पता नहीं रोम में ये मिलते भी हैं या नहीं।

अब हमें एक जहाज़ की प्रतीक्षा करनी है...
चलो, प्रतीक्षा करते हुए एक शर्त लगाएँ। जो जितने ज़्यादा दर्जन सीप खाएगा, वह एक सिंगुलारिस पोरकस जीतेगा!
देखो! देखो! एक जहाज़! क्या किस्मत खुली!
क्यों न हम अगले वाले की प्रतीक्षा करें? फिर हम अपनी शर्त भी लगा पाएँगे!
9

ऐस्ट्रिक्स और ओबेलिक्स प्राचीन गॉलवासी चिन्ह दिखाते हैं जहाज पर चढ़ने की इच्छा का संकेत करते हुए... ग़ौर कीजिए, चार भिंची हुई उंगलियाँ और अंगूठा मनचाही दिशा की ओर इशारा करता हुआ। लेकिन रोम जाने के लिए दिशा से कोई फ़र्क नहीं पड़ता, क्योंकि सभी रास्ते रोम जाते हैं।

ध्यान दें: यह चिन्ह आज भी प्रचलन में है, हालाँकि जहाज़ रोकने के लिए उतना नहीं।

क्षितिज पर एक पाल दिख रहा है, मुख्य अध्यक्ष जी!
+24

ये ज़रूर समुद्री डाकू होंगे! ये हमें बंदी बना सकते हैं, हमें मार भी सकते हैं, या उससे भी बुरा, हमारा माल लूट सकते हैं!

सही में, समुद्री डाकुओं के जहाज़ पर...
पतवार की तलवार, ये तो गए काम से, मेरे प्यारों! जल्दी हाथ चलाओ! ज़ोर लगाओ! माल से लदा यह भारी भरकम फ़ोनिसियाई जहाज़ हमसे बचकर नहीं जा पाएगा!
पलक झपकते उसपर कब्ज़ा कर लेंगे!
ही–ही–ही

मेरे प्यारे प्रशासनिक सलाहकारों, लगता है हमें लड़ाई लड़नी ही पड़ेगी...
नहीं, प्यारे मुख्य अध्यक्ष जी! अनुबंध के अनुसार हमें चप्पू तो चलाना है, लेकिन लड़ाई लड़ने के बारे में तो कहीं कुछ भी नहीं लिखा!

या तो हम अनुबंध बदल दें। मुझे एक महत्वपूर्ण बदलाव करना है।
मुझे भी!
मुझे भी!
मुझे भी!
मुझे भी!
मुझे भी!
मुझे भी!
मुझे भी!

लड़ाई लड़ने के लिए इन गपोड़शंखों पर हम भरोसा नहीं कर सकते। इस स्थिति से हमें खुद ही निपटना पड़ेगा।
बढ़िया! मैदान खुला मिलेगा! देखो, यह आये समुद्री डाकू। बेचारे कहीं के!

ये लोग टोप पहने हैं! हम फिर से वही शर्त लगा सकते हैं जैसी हमने रोमन सैनिकों के लिए लगाई थी!
+24

मरखने बकरे के सींग, हम एक ही गस्से में ही उन्हें पूरा चबा जाएँगे!
क्या अपना क्या पराया सारा जगत ही मोह–माया!

ज़ाहिर है, हम एक आम सभा कर सकते हैं अनुबंध की शर्तों पर विचार करने के लिए मगर...
सही में, क्या अवसर चुना है...
11

टूट पड़ो, लड़को!

धमाड़!

चलो, ओबेलिक्स!
हाँ! हाँ! चलो!

चमाट!
धाड़
अरे, ओ! ये क्या कर रहा है? पानी में कूदने से कोई फ़ायदा नहीं!

नहीं! नहीं! अरे, नहीं!
कड़कड़!

मुझे लगता है कि यह पहली बार है जब मैं एक जहाज़ पर लड़ रहा हूँ ... अच्छा बदलाव है...
सुनो तो, क्या तुम वह वाला मुझे उधार दोगे, उसकी खटिया खड़ी करने के लिए?
नहींऽऽऽऽ!
धड़ाम!

यह लो काम तमाम हो गया। अब हमें फोनिसियाइयों के पास वापस चलना चाहिए।
मैं तो सोचता था इस प्रकार के जहाज़ों पर एक बड़ा कर्मी दल होता है!

और जब हमारे दोस्त समुद्री डाकुओं का जहाज़ छोड़ जाते हैं...
अए इन्होंने तो हमाई क्या ज़ब'दस्त लुटिया डुबोई है!
12

तुमने हमारी सबसे प्यारी चीज़ बचा ली है– हमारा माल! अब हम मरते दम तक जिगरी दोस्त रहेंगे...

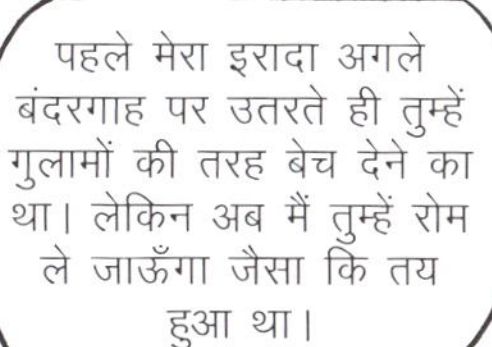
पहले मेरा इरादा अगले बंदरगाह पर उतरते ही तुम्हें गुलामों की तरह बेच देने का था। लेकिन अब मैं तुम्हें रोम ले जाऊँगा जैसा कि तय हुआ था।

तुम सच में बहुत ही चतुर व्यापारी हो!
क्या करें? जैसाकि मैं अपने साझेदारों को बता रहा था, हम सब एक ही जहाज़ में सवार हैं हमें बहुत मेहनत करनी पड़ेगी खुद को ऊपरी खर्चों में डूबने से बचाने के लिए...

इसी बीच, रोम में...
जय हो, सीज़र!
जय हो, सरस तरबूजस, गॉल के उच्चाधिकारी।

मेरा उपहार स्वीकार करें, हे सीज़र! एक गॉलवासी गवैया, कपिघुड़कम क्षेत्र के अजेय गॉलवासियों के कबीले से।
मुझे यहाँ एक तोहफे की तरह लाया गया है... जैसे कि मैं कोई रंगपुता मामूली सा घोंघा हूँ!

एक गवैया? कैसी दिलचस्प बात है!
मैं हर ऐरे–गैरे–नत्थू–खैरे के सामने नहीं गाता! तुम्हें मेरी कला का अंदाज़ा नहीं है...

इस निराले नन्हें-से उपहार के लिए तुम्हारा धन्यवाद, उच्चाधिकारी। अब तुम जा सकते हो!

लानिस्टा* अकड़स मूठस को बुलाया जाए।
चटक
*तलवारबाज़ों का प्रशिक्षक।

अकड़स मूठस, क्या तुम इस गवैये को तलवारबाज़ बना सकते हो?
माफ़ करें, हे सीज़र! यह तो बहुत कमज़ोर है... बिलकुल डेढ़ पसली का।
अगर मैं अपने पर काबू न रखे होता तो...

तो ठीक है, अगले खेलों में इसे शेरों के आगे डाल दिया जाए। इसे ले जाया जाए!
13

हम अपनी यात्रा की समाप्ति के निकट हैं! जहाँ हम किनारे लगेंगे, रोम वहाँ से पैदल कुछ ही घंटों की दूरी पर है...

हम यहाँ पर कुछ समय के लिए सामान बेचने और खरीदने के लिए रुकेंगे! अगर तुम्हारा काम तब तक खतम हो गया तो हम तुम्हें गॉल वापस ले चलेंगे...
धन्यवाद सट्टाबाजारिस!

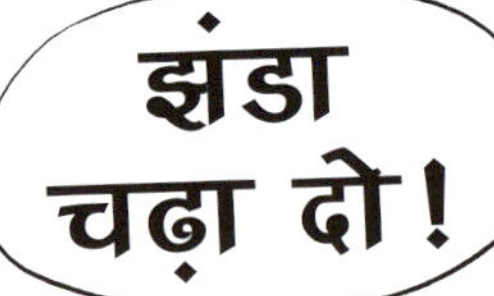
झंडा चढ़ा दो!

भारी छूट

ज़रा देखो तो, ओबेलिक्स! यदि यहाँ की सड़कें इतनी सीधी और चौड़ी हैं, तो रोम में कैसी होंगी?
सावधान
चिकने पत्थर

हम पहुँच गए!
एप्पिया मार्ग
रोम

?!?

फिर हो जाए टोप वाला एक और चक्र? इतने सारे रोमन हैं कि हम जी भरकर लड़ाई कर सकते हैं!
हमें पूछताछ शुरू कर देनी चाहिए... मुझे लगता है हमें जिस चीज़ की ज़रूरत है वह मुझे मिल गई!
14

हमें वहाँ अंदर अपने कुछ देशवासी मिल जाएँगे!
और जंगली सूअर भी!
गॉल रेस्तराँ
आकितेन और नॉरबोन्न की मदिरा
लुगडुनम के कबाब
सींकचे पर जंगली सूअर

इस मेज़ पर विराजिए! मैं बस यूँ गया यूँ आया!

हम गॉलवासी हैं!
अरे, कैसा इत्तेफ़ाक! अपने देशवासी! मेरा नाम शिकायतकर्तिक्स है! मैं रोम में काफ़ी समय से रह रहा हूँ...

मैं पूँजी जमा करने की कोशिश कर रहा हूँ, फिर मैं लुटीशिया में एक रोमन रेस्तराँ खोल लूँगा!

हम एक दोस्त को ढूँढ़ रहे हैं! एक गवैया जिसे सीज़र को तोहफ़े के तौर पर दिया गया था।
?!?

वह बिना कुछ बोले चला गया!
हाँ, वह भी हमारे खाने का आर्डर लिए बिना!

मुझे शाम को आकर मिलो... मैंने अपना पता एक जंगली सूअर के अंदर सरका दिया है...

ओह तो वही होगा जो निगलने में कठिन था... अपना पता फिर से एक और जंगली सूअर में सरकाकर लाओ!
?!

तो, हमें आज शाम को शिकायतकर्तिक्स के घर जाना है। तब तक हम क्या करेंगे?
वापस जाकर जंगली सूअर खा सकते हैं?
सींकचे पर जंगली सूअर

हमाम! मैंने रोमन हमामों के बारे में अक्सर सुना है! चलो चलकर नहाएँ!
हमाम

जाओ और जाकर सज्जा–कक्ष में कपड़े उतार दो।
ज़रूर इसका मतलब कपड़े बदलने वाले कमरे से है...

इधर से पधारें महोदय!
यह हमसे बात कर रहा है?
सज्जा–कक्ष
वाष्प–कक्ष
हमने कुछ खास पहना नहीं है कहीं हमें ठंड न लग जाए!

यहाँ तो बहुत गर्मी है!
काश हम कोई खिड़की खोल पाते।
देखो, अकड़स मूठस! तुम्हें हमेशा अखाड़े में लड़ने वालों की ज़रूरत रहती है– इन दो आदमियों के बारे में क्या ख्याल है?
दिलचस्प! खास तौर पर वह मोटेवाला।

उष्मा–गृह
चलो अंदर चलकर देखते हैं...शायद यहाँ थोड़ा ठंडा हो!
ये कहाँ लाकर फँसा दिया ऐस्ट्रिक्स, कसम तूतातिस की!
उसने कहा 'कसम तूतातिस की'... ये तो गॉलवासी हैं...

हम भी कच्ची मिट्टी के नहीं बने, लेकिन यह तो भट्टी से भी गया–गुज़रा है।
आप लोग यहाँ अजनबी लगते हैं! मैं आपको यहाँ के हमामों की सैर करवाता हूँ। क्योंकि यही मेरा अड्डा है, मैं यहाँ पसीना बहाने के लिए आता ही रहता हूँ!

आप लोगों को शीत–गृह में जाकर बर्फ़ीले पानी के ताल में डुबकी लगानी चाहिए।
बर्फ़ीला पानी? मैं तो चला!

देखो, ऐस्ट्रिक्स, मेरी डुबकी देखो!
16

छपाक!

अरे, पानी कहाँ चला गया?
वह बाहर निकल गया, जब तुम अंदर घुसे, ओबेलिक्स! एक साथ तुम दोनों के लिए इसमें जगह नहीं है!
क्या शानदार डील–डौल है!

और अब मालिश करवाना यहाँ का रिवाज़ है।
मालिश?

आऽह!
धमाक!

धड़ाक!

मेरे मालिशवालों की कुटाई करने का तुम्हें कोई हक नहीं! वे इस साल हद से ज़्यादा महंगे हैं!
यह इसने शुरू किया था!
बिलकुल ठीक! मैंने इसे देखा!
क्या ताकत है!

...जाओ जाकर कहीं और स्नान करो!
मुझे लगता है हमें अब हमारी मुलाकात के लिए निकलना चाहिए...

शिकायतकर्तिक्स यहीं रहता है–इन्हें फ़्लैट कहते हैं! यह वह जगह है जहाँ लोग एक दूसरे के ऊपर रहते हैं...
पागल हैं ये सब रोमन!
मुझे ये दो आदमी तो चाहिए ही! मैं मदद लेकर आता हूँ!

शिकायतकर्तिक्स तीसरी मंज़िल पर रहता है...
द्वारपाल के लिए खटकाएँ
कृपया जूते पोंछ लें
17

हम तीसरी मंज़िल पर पहुँच गए हैं...
पागल हैं ये सब रोमन!

समय बरबाद करने के बजाय दरवाज़े को खटकाओ!
ठीक है!

III
धाड़!

मैंने कहा खटकाओ! मैंने उसकी खटिया खड़ी करने के लिए नहीं कहा था!
चिल्लाओ मत! तुम्हें पता है मेरे लिए खटकाना और खटिया खड़ी करना एक ही बात है!
दिमाग फिर गया है क्या?

अर्र... क्या शिकायतकर्तिक्स यहीं रहता है?
मैं ज़रा खटकाता हूँ...
नहीं! वह सामने रहता है!

धड़ाम!

अब किसी दरवाज़े को हाथ तक मत लगाना!
हर वक्त चिल्लाते रहते हो! मैं तो नहीं चिल्लाया था जब तुमने थोड़ी देर पहले हमें भाड़ में धकेल दिया था...
और मेरा दरवाज़ा? आपको लगता है आप यूँ ही छूट जाएँगे?

यह क्या हल्ला मचा रखा है? कसम ज़ूपिटर की, क्यों हमारी नींद खराब कर रहे हो?

चलो, चलो, अंदर चलो...
कसम मरकरी की, अपने आप को तो देखो, सारी-सारी रात वीणा बजाते रहते हो!
ये तुम बोल रहे हो, कसम वलकन की! जो हर पहली तारीख को नंगा-नाच करते हो!

आपका घर तो बहुत अच्छा है...
देखो थोड़ा छोटा तो है– बैठक, रसोई, भोजन–कक्ष और पानी भरने के लिए नीचे नहर तक जाना पड़ता है...

और आप इस प्रकार की जगह को क्या कहते हैं?
ये म.अ.व.फ. है, मध्यम आय वर्ग फ़्लैट...
18

असल में, मैंने सुना था उस गवैये के बारे में जिसे गॉल के उच्चाधिकारी ने सीज़र को उपहार में पेश किया था...

सुनने में आया है कि इस गवैये को थोड़े दिन बाद सर्कस मैक्सीमस में होने वाले अगले खेलों के दौरान शेरों के आगे डाल दिया जाएगा...
!!

हम उसे बचाएँगे!
कैसे बचाओगे? वह तो पहले से ही सर्कस की एक कोठरी में बंदी है... और सर्कस से भाग निकलना नामुमकिन है!

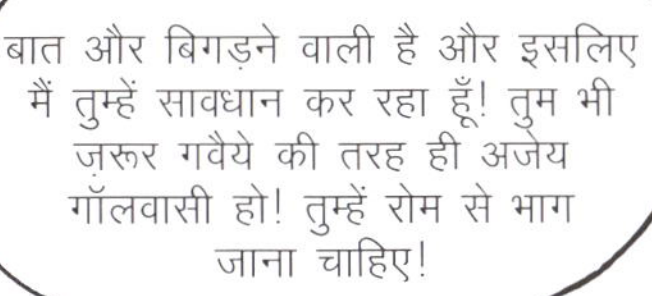
बात और बिगड़ने वाली है और इसलिए मैं तुम्हें सावधान कर रहा हूँ! तुम भी ज़रूर गवैये की तरह ही अजेय गॉलवासी हो! तुम्हें रोम से भाग जाना चाहिए!

अकड़स मूठस, तलवारबाज़ों का प्रशिक्षक, खेलों के लिए आदमी ढूंढ़ रहा है... और अजेय गॉलवासियों की बहुत मांग है!
हम अपने गवैये को छुड़वाकर ही रहेंगे!

तुम इतनी रईसज़ादी बनी फिरती हो मगर घर का काम-काज करने के लिए एक गुलाम रखने की भी तुम्हारी औक़ात नहीं है।
हाँ, मैं रईसज़ादी हूँ! तुम्हें मालूम है इस रईसज़ादी का तुम्हारे बारे में क्या ख़्याल है?
कसम जूनो की, अगर आपने अब एक भी शब्द बोला तो मैं संतरी बुला लूंगा!
पागल हैं ये सब रोमन!

देखो, वे रहे!

हमपर हमला हो रहा है!
बढ़िया!

देखो, ऐस्ट्रिक्स! मैंने एक नई तरकीब सोची है! मैं इन्हें हाथ तक नहीं लगाता, बस हिलाता हूँ! इसमें ज़्यादा देर तक मज़ा आता है!
ठीक है, ओबेलिक्स, अब उसे छोड़ दो!
आप लोग सड़क पर चिल्लाना बंद करो! हमें अपने ही घर में एक दूसरे का चिल्लाना सुनाई नहीं दे रहा!
19

सर्कस के ठीक सामने यह सराय हमारे लिए बिलकुल सही रहेगी! चलो, यहीं रहने की कोशिश करते हैं।
ठीक है।
सर्कस सराय

तुम्हें लगता है इतनी रात गए ये लोग हमारे लिए दरवाज़ा खोलेंगे!
मैं ज़रा खटकाता हूँ...
सराय

और जल्द ही...
बीस रोमन मुद्रा हुईं कमरे की और चालीस दरवाज़े की!

इसी बीच, तलवारबाज़ों के प्रशिक्षक, अकड़स मूठस के घर पर ...
तो, क्या तुमने उन्हें पकड़ लिया?
अर्र... नहीं मालिक... वे तो आना ही नहीं चाहते थे।

मुझे हर हालत में वे दो आदमी चाहिए! सब कर्मचारी इसी काम पर जुट जाएँ!

और अगली सुबह...
अच्छी नींद आई, ऐस्ट्रिक्स?
हाँ, ओबेलिक्स, चलो अब चलकर नाश्ता करते हैं।

हमें सर्कस के किसी पहरेदार से बात–चीत करके पता लगाना चाहिए कि बेसुरतालिक्स आखिर कहाँ बंदी है!

महोदय! क्या आपके पास धनिया होगा?
धनिया? किसलिए?

कान में ठूँसने के लिए! मेरा एक बंदी है जो चौबीसों घंटे गाता रहता है। और बर्दाश्त नहीं होता!
यही है बेसुरतालिक्स!
हुलिया तो ठीक उसी का है!
20

हमें इतनी चतुराई से इस पहरेदार से पूछताछ करनी चाहिए जिससे उसे कोई शक न हो...
ठीक...

अरे ओ! बेसुरतालिक्स कहाँ बंदी है?
?!

कोठरी XVIII, प्रथम तलघर, लेकिन यह एक राज़ है!
लो, पता चल गया!

और जल्द ही...
अब सर्कस चला जाए। मैं थोड़ा-सा जादुई काढ़ा पी लेता हूँ।

यह रही मेरी योजना– हम हर चीज़ और हर किसी का फ़ालूदा बना देंगे जब तक कि हमें बेसुरतालिक्स नहीं मिल जाता, और फिर हम उसे लेकर निकल लेंगे!
बहुत चतुराई भरी योजना है!

रुको! प्रवेश नि...

षेध है!

कोठरी XV... कोठरी XVI... कोठरी... XVII... हम बस पहुँचने वाले हैं!
टोपों को लेकर हमारी शर्त अभी भी जारी है न?
XVII
XVI

कोठरी XVIII तो ख़ाली है!
हैंऽ! क्या? अरे, तुम दोनों यहाँ क्या कर रहे हो?
पक्क!
21

गवैया कहाँ है, पहरेदार?
उन्होंने उसकी कोठरी बदल दी। वह नीचे तीसरे तलघर में कहीं है। उसकी आवाज़ ने सबको पका दिया था। कृपा करके मुझे और मत पीटिए!
चटाक!
चटाक!
चटाक!
चटाक!
चटाक!

सावधान! सावधान!
चलें!
नहीं, हमें यहाँ से बाहर निकलना चाहिए!

...षेध है!
चटाक!

चलो, चलकर हमारे मित्र शिकायतकर्तिक्स से सलाह-मशविरा करें...
तो, आखिर ये लोग यहाँ लेने क्या आये थे?

और जल्दी ही...
मैंने तुम्हें पहले ही सचेत कर दिया था! सर्कस में सज़ायाफ़्ता आदमियों, शेरों और तलवारबाज़ों के अलावा और कोई नहीं प्रवेश कर सकता!
सूँ!
सूँ!

इसी बीच अकड़स मूठस के घर पर...
दो गॉलवासी गवैये को छुड़ाने की कोशिश कर रहे थे? ज़रूर ही ये मेरे वही दो लोग हैं, और ये ज़रूर ही अजेय हैं!

सभी कर्मचारी तीन की टोली बनाकर शहर का चप्पा-चप्पा छान मारें! मुझे किसी भी कीमत पर वे गॉलवासी चाहिए! उन्हें मेरे सामने पेश किया जाए।

और तब भी काम न बने तो हर जगह सूचना-पट लगा दो! जो भी इन दो अजेय गॉलवासियों को पकड़ लाएगा मैं उसे दस हज़ार रोमन मुद्राएँ दूँगा।
जी, मालिक!

और जल्दी ही...
वह देखो, वह रहे!
गॉल रेस्तराँ
सींकचे पर जंगली सूअर
22

चलो, उन्हें पकड़ लें!

तड़ाक!
यह शिकायतकर्तिक्स क्या अंट-शंट बोल रहा था...
टनाक!
हाँ, ऐसी बातें सुनकर मेरी तो हालत पतली हो जाती है...

कह रहा था कि सर्कस में सज़ायाफ़्ता आदमियों, शेरों और तलवारबाज़ों के अलावा कोई घुस नहीं सकता...
अगर हम शेर का भेस धर लें तो?
गॉल रेस्तराँ

वे आ रहे हैं!
शेर बनने चले हो, अपना वज़न देखा है?
काश मुझे पहले पता होता तो...

जो भी हो, हमें अपने गवैये को बचाना ही है!
बेशक!
भागो! भागो! संतरी दल आ पहुँचा!

ये सब क्या हो रहा है यहाँ? चलो हमारे साथ थाने, बिना कोई चूँ-चपड़ किए! हम लोग सात हैं और तुम सिर्फ़ दो!

चलो, सराय वापस चलें!
आगे बढो, सैनिकूऊँऽऽऽऽऽ!

सुनो, ऐस्ट्रिक्स, क्या तुम्हें अजीब नहीं लगता, इतने सारे लोगों का हम पर हमला करना?
लोग? कैसे लोग?
सर्कस सराय
23

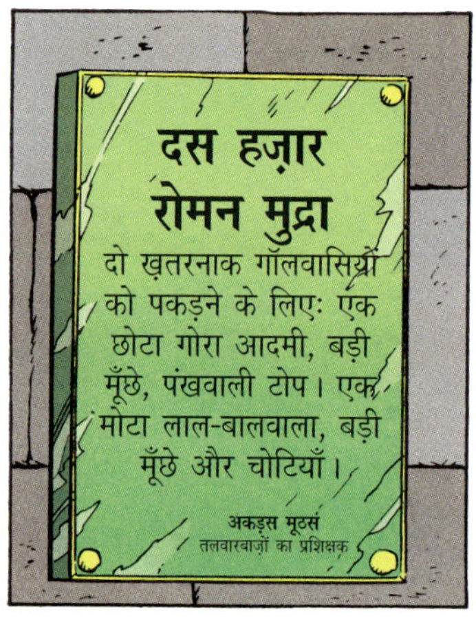

दस हज़ार
रोमन मुद्रा
दो ख़तरनाक गॉलवासियों को पकड़ने के लिए: एक छोटा गोरा आदमी, बड़ी मूँछे, पंखवाली टोप। एक मोटा लाल-बालवाला, बड़ी मूँछे और चोटियाँ।
अकड़स मूठर्स
तलवारबाज़ों का प्रशिक्षक

सर्कस सराय के अंदर...
ओबेलिक्स, मेरे दिमाग में एक विचार आया है! हम तलवारबाज़ बन जाएँगे!
अच्छा?

और कैसे बनेंगे हम तलवारबाज़?
हम किसी रोमन से पूछेंगे... हम तो बस एक ही को जानते हैं, जिसने हमामों को अपना अड्डा बना रखा है! चलो, हमामों की ओर चलें!

और हमामों के बाहर...
हमाम
दस हज़ार रोमन मुद्रा... बड़ी भारी रकम है!
काश मुझे मिल जाती!
देखो!

मैंने उन्हें सबसे पहले देखा!
नहीं, मैंने!
?!???
सरासर झूठ! दस हज़ार रोमन मुद्राएँ मेरी हैं!

हटो, जाने दो! हम बहुत जल्दी में हैं।
पागल हैं ये सब रोमन!

ओह, तो तुम दोनों फिर वापस टपक गए। मैंने तो सोचा था कि मैंने तुम्हें पहले ही बता दिया था...

ओय! तुम हमाम में चप्पल लेकर कैसे घुसे चले आ रहे हो?
छपाक!

उम्मीद है कि वह रोमन यहीं होगा... उसने कहा था वह यहाँ नियमित रूप से आता है, और रोमन हर रोज़ ही नहाते हैं...
पागल हैं ये सब रोमन!
सज्जा-क

अहा! वह रहा!
यहाँ अंदर तो अभी भी उतनी ही गर्मी है... ये लोग कोई खिड़की क्यों नहीं खोलते?
गॉलवासी!!! ये अभी तक पकड़े नहीं गए। मुझसे हिसाब चुकाने आए हैं! मैं तो पहले ही पसीना-पसीना हो रहा हूँ!

हम आपको ही ढूँढ रहे थे!
सुनिए, मैं सब साफ़-साफ़ बता सकता हूँ...

अच्छी बात है! तो बताओ कि हम रोम में तलवारबाज़ कैसे बन सकते हैं?
तल... तल... तलवारबाज़!

आप एकदम सही आदमी के पास आए हैं! मैं हूँ अकड़स मूठस, रोम में तलवारबाज़ों का सबसे महत्वपूर्ण प्रशिक्षक!
ठीक है, तो फिर हमें प्रशिक्षण दो!

तो चलो मेरे घर!
लेकिन मैं तुम्हें बता तो रहा हूँ कि मेरा इस ताल में कूदने का कोई इरादा नहीं था!
बेहूदे आदमी! ये भी कोई वजह हुई चप्पल न उतारने की!!!

अरे, यहाँ क्या हो रहा है?

ये लोग हमें हमामों में घुसने से रोकना चाहते थे...
पागल हैं ये सब रोमन!
!?!

खेलों के लिए क्या अव्वल दर्जे के रंगरूट हैं! जूलियस सीज़र प्रसन्न हो जाएँगे। वे मुझे मुद्राओं से लाद देंगे!
25

सबसे पहले मुझे इनका विश्वास जीतना चाहिए ताकि ये उस अनुबंध पर हस्ताक्षर करें जो उन्हें मेरी मुट्ठी में डाल देगा...

अंदर आइए... हम हल्का-सा भोजन कर लें।
क्या हम भारी-सा भोजन नहीं कर सकते?
आपका घर तो बहुत अच्छा है!

ज़रा इन टिकियों को चखिए! एक नए प्रकार की विधि से बनी हैं-और ये बहुत ही महँगी हैं! पूर्वी गॉल से मंगाई कोयल की जीभ, स्टर्जन मछली के अंडे सुदूर जंगलियों के इलाके से, झींगुर के मसूढ़े मंगोलिया से...

तो, आपको कैसी लगी?
गड़प!

नमकीन।
!

ठीक! कसम जूपिटर की, अब काम की बात करें! इस अनुबंध पर अपने निशान लगा दो!

बढ़िया! खड़े हो जाओ! ढालस फोड़स!

ढालस फोड़स, ये रहे दो नए तलवारबाज़! इन्हें सर्कस के लिए प्रशिक्षण दो और कोई कसर न छूटने पाए!
कोई कसर नहीं छूटेगी, तलवारबाज़ों के प्रशिक्षक जी!
सुनो ऐस्ट्रिक्स, क्या हल्का-सा भोजन खतम हो गया?

नमकीन? हुँह! बंदर क्या जाने अदरक का स्वाद! लंगूर के कलेजे का मुरब्बा लाओ मेरे लिए!
चटक!

ये रहे तलवारबाज़ों के बैरक। हम प्रशिक्षण तुरंत शुरू करेंगे।
अच्छी बात है। हमें भी जल्दी है।

मैं तुम लोगों को लड़ाई की ऐसी मशीन बना दूँगा जिसे देखकर सर्कस के दर्शकों के रोंगटे खड़े हो जाएँगे। देखना मैं तुम्हें कैसा प्रशिक्षण देता हूँ!
क्या कमाल की शुरुआत है। आपके प्रशिक्षण ने तो मेरे रोंगटे अभी से खड़े करवा दिए!
चुप हो जाओ, ऐस्ट्रिक्स वरना फिर मेरी हंसी छूट जाएगी!

तू, मोटे! मुझे मुक्का मारने की कोशिश कर!
सच में?

ही! ही!
?

हो, हो!...
!

ऐस्ट्रिक्स, इसे कहो एक जगह टिक कर खड़ा रहे!
अब मेरी बारी है!

धाड़!

?!?!?!
देखा? मैं इधर-उधर नहीं नाचता फिरता!

ठीक! अब तेरी बारी, गुटके। कोशिश कर मुझे...

चटाक

देखा ओबेलिक्स, तुम्हें बस थोड़ी और फुर्ती दिखानी है!
तुमने जो मुझे इतनी बार नहलवाया है न, उससे मेरी सारी ताकत निचुड़ गई!
27

मेरी नज़र तुम पर है गॉलवासियों!
ढालस फोड़स आग बबूला हो गया है। वह तुम्हारी खाल उधेड़ देगा!
सही कहते हो, इसकी तो नज़र ही कातिलाना हो गई है!
बस करो! तुम मुझे फिर हँसा दोगे!

तू! मैं तुझे जालवाला त्रिशूलबाज़ बनने का प्रशिक्षण दूँगा!
वह क्या होता है?

तेरे पास एक त्रिशूल होगा – प्रशिक्षण के दौरान हम एक डंडे और जाल का इस्तेमाल करेंगे। तुझे अपने प्रतिद्वन्दी को जाल में मछली की तरह फँसाना है।
और तुम्हारे पास भी डंडा नहीं होना चाहिए?
मैं अपने आप को प्रशिक्षण नहीं दे रहा!

जायज़ है!
शुरू हो जाओ!

अरे... क्या कर रहे हो?

धमाक!

मैं तो मछली ऐसे ही पकड़ता हूँ!

बाहर निकालो मुझे!
देखो, देखो...

अब, तेरी बारी! लेकिन खबरदार जो हिला!!!
लो, देखा यह कितनी चिड़चिड़ाने वाली बात है!

यह तो सचमुच बड़े ऊँचे दर्जे का प्रशिक्षक है!
चपाट!
28

ये क्या...
तुम क्या कर रहे हो?

और तुम सब तलवारबाज़ वापस अपने प्रशिक्षण में जुट जाओ, मेरे लिए सीज़र का बुलावा आया है...

सुनो, ओबेलिक्स, क्यों न हम भी शहर का एक चक्कर लगाएँ?
सुझाव तो बुरा नहीं!

रुको, तलवारबाज़ों! तुम्हें अपने निवास से बाहर निकलने की इजाज़त नहीं है!

इस टोप को नीचे रख दो ओबेलिक्स! यह पागलपन छोड़ो भी!
क्यों छोड़ूँ? इससे किसी को चोट तो नहीं पहुँच रही न!

ये आधुनिक शहर अच्छे हैं, मगर ज़्यादा मिलनसार नहीं हैं।
चलो, तो वहाँ देखें। बहुत सारे लोग दीवार पर टंगे एक सूचना पट को पढ़ रहे हैं।

इसी बीच...
हे सीज़र, सर्कस का कार्यक्रम यह रहा। इस वक्त यह सूचना-पट रोम के चप्पे-चप्पे पर लगे हुए हैं!
अगर जनता को खेल पसंद आए, तो मैं तुम्हें मुद्राएँ दूँगा, अगर नहीं, तो शेरों को तुम्हारी मुद्राएँ देखने को मिलेंगी!

सर्कस के शानदार खेल
संचालक : अकड़स मूठस
रथों की दौड़
गॉलवासी गवैया
शेरों को डाला जाएगा
तलवारबाज़ी के मुकाबले
अजेय गॉलवासी
ऐस्ट्रिक्स
और ओबेलिक्स
के साथ
(टिकटों की बिक्री चालू)

बुरा नहीं... मगर इन गॉलवासियों को भागने मत देना। ये ही खेल के सबसे बड़े सितारे हैं!
इन्हें ताले के अंदर बंद करके रखा गया है, आप चिंता न करें हे सीज़र!

आखिरकार मैं स्टरनम प्रदेश के एलबम में स्थित वह छोटा-सा खेत खरीद पाऊँगा!

देखो तो! अपना पुराना जिगरी अकड़स मूठस!
?!
है तो वही! कैसा इत्तेफ़ाक!
30

य... ये क्या? तुम लोग छुट्टे घूम रहे हो??
आपका कार्यक्रम बुरा नहीं है, मगर हम इसमें बदलाव करेंगे...
ऐस्ट्रिक्स और ओबेलिक्स के साथ
यह तो हमें देखकर चकित और खुश लग रहा है!

तुम बिलकुल सही समय पर टपके हो! एक पथ-प्रदर्शक की ज़रूरत है। हमें रोम घुमाने के लिए!
पथ... पथ... पथ-प्रदर्शक!
थपाक!

इस वक्त दिल पर पत्थर रख लो... असल बात है इन्हें नज़रों से ग़ायब न होने देना...
ठीक है।

...और यह रहा सभागार।
दुख इस बात का है कि हम इन सब चीज़ों की तस्वीरें अपने साथ गॉल वापस नहीं ले जा सकते...
सैलानी प्रदर्शक-पुस्तिका
सैलानी स्मृति-चिन्ह

तुम्हें तो देखकर लगता है कि तुम सर्कस से ज़िंदा बाहर ज़रूर निकल आओगे!
क्यों नहीं!

तुम्हें हमारी चिंता करने की कोई ज़रूरत नहीं!
और अगर मैं तुम्हारे पिरामिडों पर अपना नाम उकेरने लगूँ तो?
?!?

और अब, रात के भोजन के लिए हमें अपने घर ले चलो!
और इस बार कोई सड़ी-गली चीज़ें मत खिलाना, केवल जंगली सूअर!

रात के भोजन का सभी आनंद लेते हैं, लगभग सभी...
रोमनों की एक बात तो माननी पड़ेगी, इन्हें सत्कार करना खूब आता है! है न, ओबेलिक्स?
अम! गड़प! शही बोले! खड़च!
धीरज रखो, धीरज! देखता हूँ अखाड़े में इनकी कितनी हँसी निकलती है!

चलो-चलो, बैरक में वापस जाने का समय हो गया है! आशा है हमसे कोई गुस्ताखी नहीं हुई होगी?
काश मैं रास्ते के लिए एक जंगली सूअर रखा लेता...
31

दिन बीतते जाते हैं और तलवारबाज़ मुटिया रहे हैं...
सर है मेरा कड़ाही में, धड़ है मार–कुटाई में, पैर गगन की उँचाई में, पूरा बदन लड़ाई में, बैठो न तुम सब यूँ मौन, बूझो–बूझो मैं हूँ कौन?

जबकि अकड़स मूठस सुकड़ रहा है...
देखो ये फिर–से जुट गए! अभ्यास करने के बजाए ऊट–पटाँग खेल खेलने में! वाह–वाह क्या खूब लड़ाई देखने को मिलेगी इस बार!
तल, वार, बाज़, तलवारबाज़...
ओऽह, यह तो सिर के ऊपर से निकल गया!

खेल कल शुरू हैं! सर्कस में आखिरी रात काटने का समय आ गया है, निठल्लों!

हम अब और लड़ना नहीं चाहते, ऐस्ट्रिक्स!
चिंता की कोई बात नहीं, मैं वादा करता हूँ कि अखाड़े में तुम्हें अपनी जान दाँव पर लगानी नहीं पड़ेगी!

और बिलकुल बेफ़िक्र तलवारबाज़ों का एक जत्था सर्कस पहुँचता है...
हा, हा! हो, हो!
धक्का मत मार!
गड्ढा खोदस बेवकूफ है! सबको बता दो!
इन्हें क्या हो गया है?
पता नहीं। इन्हें तलघर में बंद कर दो!

कुली, हमें हमारे मित्र, गवैये बेसुरतालिक्स के पास ले चलो!
न तो मैं कुली हूँ, न ही मैं ऐसा कुछ करने वाला हूँ!
खटक!

अगर ऐसी बात है, तो फिर हम ये सलाखें तबतक उखाड़ते रहेंगे जबतक कि तुम मान नहीं जाते!
तो चलो, कोशिश करके देख लो!

टनिन्नक!
टनोन्नक!
टनन्नक!

अरे रुको! सलाखों पर रहम खाओ!
हूँऽ, आखिर अक्ल आ ही गई! कमाल का सत्कार!

क्योंकि साजो–सामान की ज़िम्मेदारी मेरी है

दरवाज़ा खोलो, भुट्टेभूनस। यह मैं हूँ, पकौड़ातलस।
ठक! ठक! ठक! ठक!

अजीब बात है, कोई जवाब ही नहीं दे रहा...
मुझे करने दो...

तड़ाक
नहींSSSS! यह दरवाज़ा!

क्या बात है? दरवाज़ा खटकाने पर जवाब क्यों नहीं दिया?
माफ़ करना?
पक्क!

मैंनेऽऽ...शिलास्तंभ पर... तेरानाऽऽम लिख दिया...
लो, यह फिर-से शुरू हो गया!

मैं अब और सहन नहीं कर सकता। यह मेरे बर्दाश्त के बाहर है! सिसकियाँ!
बेसुरतालिक्स!
ऐस्ट्रिक्स! ओबेलिक्स! तुम यहाँ? क्या बात है?

तुम्हें बचाने आए हैं!
अरे छोड़ो, मैं इन बेचारे रोमनों से डरता नहीं हूँ! लेकिन तुम्हें देखकर बहुत खुशी हुई!

हमने अपने तलवारबाज़ दोस्तों को इस मुसीबत से बाहर निकालने का वादा किया है! खेलों के खतम होते ही हम सीधे गॉल के लिए निकल पड़ेंगे!
अच्छी बात है। मैं भी सर्कस के खेलों को देखने के लिए उत्सुक हूँ। जबसे यहाँ आया हूँ उन्हीं के बारे में सुन रहा हूँ...

बस एक बात और... हमारे दूर चले जाने से पहले गाना शुरु मत करना!
व...
क्या? बेशर्मो! ज़ालिमो! जंगलियों!

और जल्द ही...
मुझको यारो माफ़ करना मैं नशे में हूँ
दया करो! दया करो! तुम जो भी चाहो देने को तैयार हूँ, लेकिन दया करो, यह भयानक आवाज़ बंद करो!
33

सर्कस के बाहर एक भीमकाय भीड़ जमा है...
लाइए अपने चोगों में सफ़ेदी की चमकार! सफ़ेदी की चमकार, कपड़े तार-तार!
आज का कार्यक्रम!
तकिए! रंग-बिरंगे तकिए!
आरवेर्निआई कबाब! ज़रा शख कर तो देखिए! आरवेर्निआई कबाब!
कपड़े तार-तार।

और एक आलीशान अखाड़े के अंदर तुरही द्वारा शाही कक्ष में सीज़र के आगमन की घोषणा होती है...
टन टन टा रा!!!!
रोटी और सर्कस
सीज़र अमर रहें!
सीज़र की जय हो!

तानाशाह के स्वागत में सभी ताली बजाते हैं...
ताली! ताली! ताली! ताली! ताली! ताली!
ताली! ताली! ताली! ताली! ताली! ताली! ताली!

त्वम च मम पुत्रम*!
ताली! ताली! ताली!
ताली! ताली! ताली! ताली! ताली!
* तुम भी मेरे पुत्र!

यह ब्रूटस... ज़रूर एक दिन मेरे लिए मुसीबत खड़ी करेगा...
ताली! ताली! ताली! ताली! ताली! ताली! ताली! ताली!
इतिहास के पन्ने जूलियस सीज़र की इस भविष्यवाणी की गवाही देते हैं।

यह एक बेजोड़ प्रदर्शन होगा, हे सीज़र!
मुझे यही उम्मीद है, अकड़स मूठस! नहीं तो तुम भी इस प्रदर्शन का हिस्सा बनोगे!

खेल शुरू किए जाएँ!
गड़प!
34

चिंताओं से मुक्ति पाएँ...
मदिरा पिएँ...
...और सबको पिलाएँ

सोच रहा हूँ कि क्या जनता को यह विज्ञापनबाज़ी पसंद भी है?
शायद नहीं, लेकिन इससे अखाड़े की रेत का खर्च निकल आता है।

लेकिन अब आप देखेंगे... रथों की दौड़ जो शुरू होने जा रही है!

मगर अखाड़े के पीछे एक और ही नाटक चालू है...
यह अपने रथ में क्यों नहीं चढ़ा?
यह बीमार है। यहाँ आने से पहले इसने एक सुराही मदिरा पी ली थी।
ऊऽऽऽऽऽऽह!

चिंता की कोई बात नहीं। हम तुम्हारी मदद करेंगे!
?!?

गॉलवासी!
तुम्हें दूसरे तलवारबाज़ों के साथ बंद कर देना चाहिए! यह तो बड़े शर्म की बात है!
हम इंतज़ार करते-करते यह तमाशा देखना चाहते हैं... तो आपको एक रथ-चालक कम पड़ रहा है? हम वह रथ-चालक बन जाते हैं।
ऊऽऽऽऽऽऽह!

चलो, ओबेलिक्स!
बिलकुल! बिलकुल!

बात समझ में आ गई? मैं रथ चलाता हूँ और जो भी कोई ज़्यादा पास आ जाए तुम उसे धकिया देना।
समझा!

चार घुड़-शक्ति रथ चलाने के लिए दो लोग? यह बड़े शर्म की बात है। हम इस प्रकार की हवाबाज़ी को बिलकुल पसंद नहीं करते, अकड़स मूठस!
35

रथों की दौड़ शुरू...
वह सामने वाला हमें आगे निकलने नहीं दे रहा!
हाऽऽऽय!
धाड़!
कसम मरकरी की, अगर वे दोनों मेरे आस-पास भी फटके, तो उन्हें मेरे चाबुक का स्वाद चखना पड़ेगा!
चटाक!

आखिरी चक्र
तुम चलाते रहो– और मुझे जो करना है करने दो! मज़ा तो अब आएगा!

?!

इसे छोड़ोगे क्या?!!! इसे अभी की अभी छोड़ो!
अब छोड़ भी दो, ओबेलिक्स। मैं जीत चुका हूँ!

नहींऽऽऽ!
सर्र्र्र्र

धड़ाम!
हुर्रा! कसम जूपिटर की! नागरिको करतल ध्वनि हो!
जय हो, सीज़र!
जनता खुश है... और उनकी खुशी में ही हमारी खुशी है!
वही... वही तो... मैंने ज़रा-सा मज़ाकिया मोड़ डाल दिया था... मुझे लगा जनता को पसंद आएगा!

लेकिन सभी खेलों में मज़ाकिया मोड़ तो नहीं हो सकता!
नहीं! बिलकुल नहीं! और अब एक आदमी को शेरों के आगे डाला जाएगा, तो...
36

हम यहीं प्रतीक्षा करेंगे, बीच में कूदने के लिए तैयार! मैं थोड़ा जादुई काढ़ा भी पी लेता हूँ, अगर कहीं ज़रूरत पड़ गई तो...
सब ठीक–ठाक रहेगा, चिंता की कोई बात नहीं। दर्शकों के बीच जाने से पहले मुझे ज़रा–सी घबराहट होती है...

जूलियस, सब ठीक–ठाक?
ये... ये लोग बिलकुल भी सभ्य नहीं हैं!
शेरों को छोड़ दिया जाए!

गर्र्र्र्र्र!
गर्राऽऽऽह!

ज़रा सोचिए, ये शेर कितने भूखे होंगे क्योंकि... जब से हमने इन्हें पकड़ा है, ये हर रोज़ केवल थोड़ी सी दही पर ही ज़िंदा हैं!

कर चले हम जुदा जानो तन साथियों...

जान बचा कर भागो!
तुम चुप भी करोगे, गॉलवासी?
कूँ! कूँ! कूँ!
म्याऊँऽऽ!
म्याऊँऽऽ
कूँ! कूँ! कूँ! कूँ!

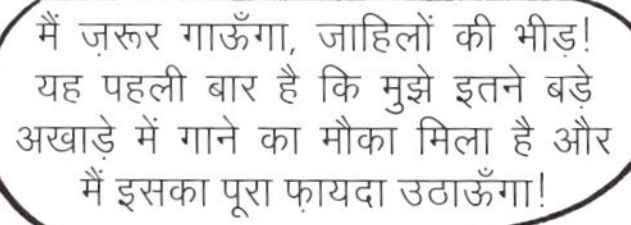
मैं ज़रूर गाऊँगा, जाहिलों की भीड़! यह पहली बार है कि मुझे इतने बड़े अखाड़े में गाने का मौका मिला है और मैं इसका पूरा फ़ायदा उठाऊँगा!

चलो, सब मिलकर गाएँ...
जीना यहाँ, मरना यहाँ, इसके सिवा जाना कहाँ...
कसम जूनो की, इसे ले जाओ!

मुझे छोड़ दो, मैं कहता हूँ। छोड़ दो मुझे!!!
हा! हा! हा! हो! हो! हो!
37

मैं आया, मैंने देखा और मुझे अपनी आँखों पर यकीन नहीं हो रहा! अगर ऐसा ही चलता रहा और शेरों ने अपनी दुम टाँगों के बीच से बाहर न निकाली तो मैं खुद तुम्हें कच्चा चबा जाऊँगा!

खेल का गंभीर हिस्सा तो अब आ रहा है... अब तलवारबाज़ों की बारी है! तो अब होगा लड़ाई में मार–काट, जालिमपना, खून–खराबा, सब कुछ...

तुम्हारी सलामती के लिए यही अच्छा रहेगा... वरना...

जय हो!
शाबाश! शाबाश!
तो यही तय रहा, फिर? तुम मुझे बात करने देना और मैं सब संभाल लूँगा।

सीज़र की जय हो! मरने वाले तुम्हें सलाम करते हैं!
कैसे हो, यार जूलियस!

इससे पहले कि हमारा पारा चढ़े... लड़ाई शुरू की जाए!
अरे नहीं! ये तो वाकई में **सभ्य** नहीं हैं!

ज़रा रुकिए। बजाए वही घिसे–पिटे खेल दिखाने के आज तलवारबाज़ आपको कुछ ऐसा नया करके दिखाएँगे जिससे आप सबका भरपूर मनोरंजन होगा।

अपने हथियार नीचे डाल दो!
टनक!
टन्न!
टनक!
टनाँक!
टिन्न!

क्या बढ़िया शुरुआत है!
38

यह तलवारबाज़ सबके बीच सवाल पूछेगा और दूसरों को जवाब देना है बिना हाँ, नहीं, काला या सफ़ेद शब्द कहे। नहीं तो वे आउट हो जाएँगे!

तुम, थ्रेसियाई! रेत का रंग कैसा है?
साफ़ है!

तुमने कहा सफ़ेद!
नहीं, मैंने नहीं कहा! मैंने सफ़ेद नहीं कहा!

?!?
?!!??
तुम हार गए! तुम हार गए! तुम आउट हो गए!
हा! हा!
हा! हा! हा! हा!

माफ़ करना! मुझे सीज़र से अपील करने का अधिकार है!

कसम जूपिटर की, तुम किसे उल्लू बना रहे हो? रोम की सबसे विशाल सर्कस, ढाई लाख दर्शक, उनके बीच में स्वयं जूलियस सीज़र– यह सब सिर्फ़ कुछ भोंदुओं को आंगन में खेले जाने वाले खेल खेलते देखने के लिए? **लड़ना शुरू करो!!!**

तो तुम्हें लड़ाई चाहिए, रोमन? तो लो फिर! अपने कुछ कड़क सैनिक अंदर भेज दो। मैं और मेरा दोस्त ओबेलिक्स उनसे निपटेंगे! इन बेचारे तलवारबाज़ों को अकेला छोड़ दो!

ओ गॉलवासी! तो तुम मुझे चुनौती दे रहे हो? तो यही सही! **हमारे सर्वश्रेष्ठ सैनिकों की एक टुकड़ी लाई जाए!!!**

चलिए आप लोग अखाड़े के पीछे जाकर खेलिए...
अच्छा, मगर मैं आउट हुआ या नहीं?

मैं जादुई काढ़ा खतम ही कर देता हूँ...
क्यों न टोप वाला एक चक्र हो जाए, क्या कहते हो?

तो, क्या वे आ रहे हैं या हमें जाकर उन्हें लाना पड़ेगा?
बढ़िया! ये आए वे!

एक दो एक
एक दो एक
एक दो एक
एक दो एक
एक दो एक
एक दो एक

निहत्थे! असली मज़ा तो अब आएगा! मैं तुम्हें नंगे हाथों इन दो गॉलवासियों की चटनी बनाते देखना चाहता हूँ!

मैं इसका विरोध करता हूँ! अगर ये निहत्थे लड़ेंगे तो यह बराबरी का मुकाबला नहीं होगा!
धड़ाक!

धम्म! धम्म! टन्न!
तुम आ रहे हो? मैं तो शुरू भी हो गया!
40

टड़ैंग!
टड़िंगटड़ोंगटड़ोंग
चटाक!

तुमने अपने टोप का क्या किया, बोलो? कहाँ है तुम्हारा टोप, हैंऽऽ?
थपाक! थपाक! थपाक! थपाक!

तुम्हारी बहादुरी को बढ़ावा देने के लिए अब मैं एक गाना पेश करूँगा...
?

नहीं!

जय हो!
गॉलवासी अमर रहें!
फिर से! एक बार फिर!
लगता है जनता प्रसन्न है!
?!

गॉलवासियों तुम बहादुर हो और हमें इसकी कद्र है! हम तुम्हें विजेता घोषित करते हैं, और चूँकि तुमने हमारी प्रजा का मनोरंजन किया है, हम तुम्हें मुँह माँगा इनाम देने को तैयार हैं, क्योंकि सीज़र की ऐसी ही उदारता है!

सीज़र ज़िंदाबाद!
ये हुई न सर्कस!
जय हो!
बेसुरतालिक्स उठो! हमने तुम्हें बचा लिया!
जो भी हो, मैं जीत गया! अब इस ढेर को ढेर करके दिखाओ!
41

मैं तुमसे कह रहा हूँ कि हमारे गवैये को आज़ाद कर दो जिसे बचाने हम आए हैं। मैं तुमसे ये भी कह रहा हूँ कि इससे पहले कि हमें तुम्हारी फौज को फिर से पीटना पड़े हमें हमारे घर गॉल जाने दो...

...और अंत में मैं चाहता हूँ कि तुम तलवारबाज़ों को भी आज़ाद कर दो। जिससे उन्हें ऐसा क्रूर काम फिर कभी नहीं करना पड़े!

प्रदान किया जाता है, हे गॉलवासी!
ऊँह? प्रदर्शन समाप्त हो गया?

और अंत में एक आखिरी अहसान, जूलियस...
आपने देखा! मेरा कार्यक्रम बुरा नहीं रहा, है न?

गॉल तक हमारी वापसी यात्रा के लिए हमें तलवारबाज़ों का प्रशिक्षक, अकड़स मूठस, उधार दे दो। हम पहुँचकर इसे तुरंत वापस भेज देंगे।
प्रदान किया जाता है, कसम जूपिटर की!
मगर मैं... लेकिन मैं...

तुम लोग मेरे साथ क्या करने वाले हो?
हम तुम्हें एक छोटा-सा सबक सिखाएँगे, कसम बेलेनोस की!
गॉलवासी ज़िंदाबाद
तलवारबाज़ ज़िंदाबाद
सीज़र अमर रहें

मुझे क्या हुआ?
ठीक वही जो फिर होगा अगर हमारे गॉल पहुँचने से पहले तुमने ज़रा भी तान छेड़ने की कोशिश की!

इसकी नौबत नहीं आएगी! मैं अब गंवारो के लिए नहीं गाता, और वैसे भी अब इस मामले में मेरी कोई दिलचस्पी नहीं रही!

अरे, जो मकान मेरे सिर पर गिरा उसके खंडहर कहाँ है?
42

और कुछ घंटे चलने के बाद...
ओ सट्टाबाजारिस, फ़ोनियासियाई व्यापारी, क्या तुम हमें गॉल वापस ले जाने का अपना वादा निभाओगे?
अरे, ये तो हमारे गॉलवासी हैं!!!

ऊपर चढ़ आओ, दोस्तों! धंधा अच्छा हुआ। मैंने सब माल बेच दिया, और अब मुझे नया माल भरना है!

यह कौन है?
तुम्हारे खेवैया साझेदारों के लिए एक अचम्भा!

मैं... मैं अकेला चप्पू चलाऊँ? वह भी गॉल तक?
इससे तुम्हें सबक मिलेगा कि दूसरों के खून-पसीने पर ऐश करने का क्या अंजाम होता है!

क्यों न मैं इसमें जान फूँकने के लिए कुछ गाऊँ?
नहीं!

यह जबरदस्त है!
क्या खेवैया है!
शाबाश!
छप्प! छप्प! छप्प! छप्प! छप्प! छप्प! छप्प!

मुझे लगता है इस रोमन को तो हमें साझेदार बना लेना चाहिए!
बहुत ही बढ़िया विचार है, मुख्य अध्यक्ष जी!
हुँह!

समुद्री डाकुओं के एक छोटे से हमले के अलावा यात्रा बिना किसी घटना के जारी रहती है...
हमाई किस्मत खा'ब है कि हमाई मुठभेड़ इन लोगों से फि'से हुई, है न स'का'?

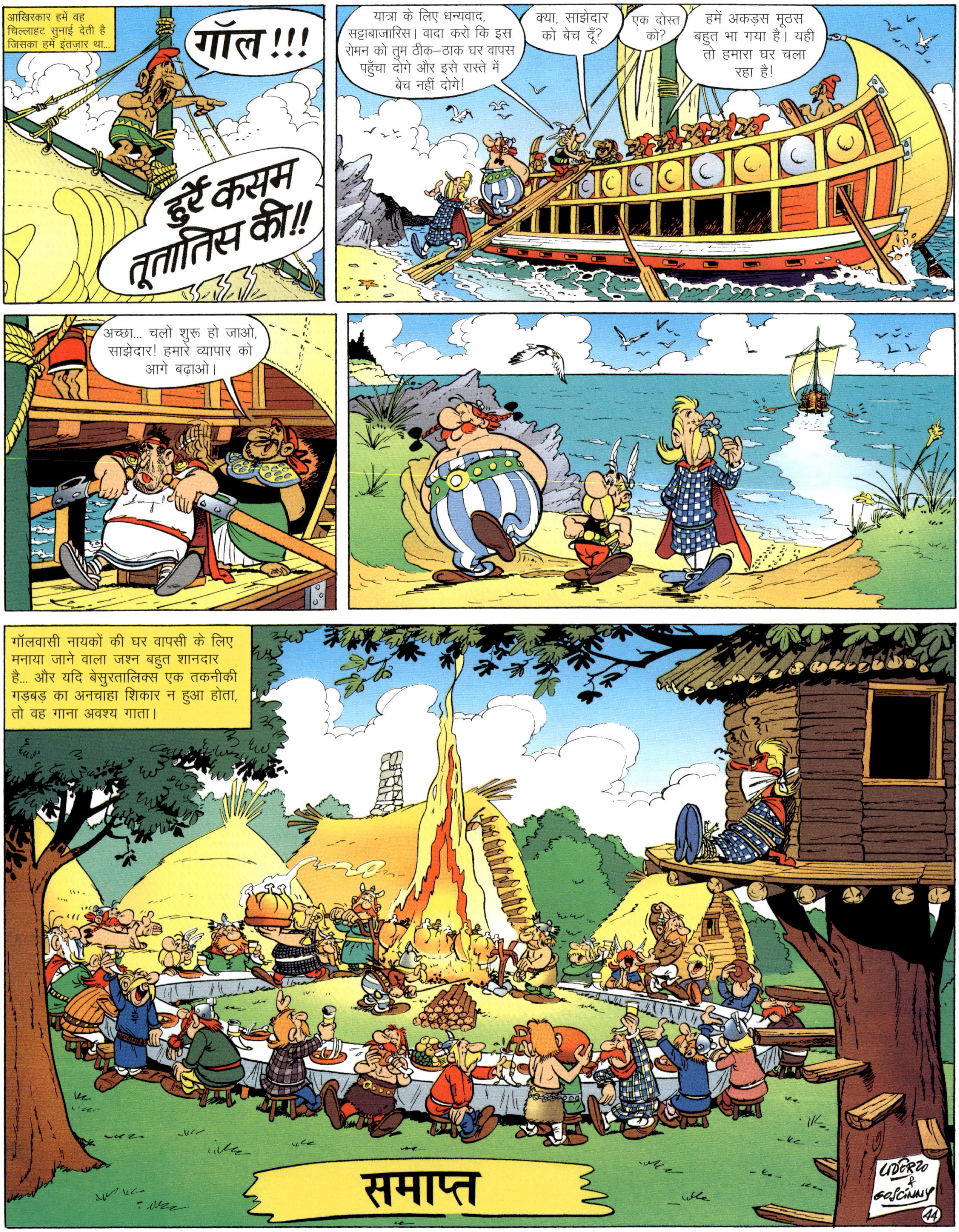

गॉलवासी नायकों की घर वापसी के लिए मनाया जाने वाला जश्न बहुत शानदार है... और यदि बेसुरतालिक्स एक तकनीकी गड़बड़ का अनचाहा शिकार न हुआ होता, तो वह गाना अवश्य गाता।

समाप्त

UDERZO & GOSCINNY 44